ÉTUDE

SUR QUELQUES

MONUMENTS ÉGYPTIENS

DU

MUSÉE ARCHÉOLOGIQUE DE CANNES

(MUSÉE LYCKLAMA)

PAR

Alfred DURINGE

Avocat, Docteur en Droit

LYON

HENRI GEORG, ÉDITEUR

36-42, PASSAGE DE L'HÔTEL-DIEU, 36-42

—

1907

ÉTUDE

MONUMENTS ÉGYPTIENS

DU

MUSÉE ARCHÉOLOGIQUE DE CANNES

(MUSÉE LYCKLAMA)

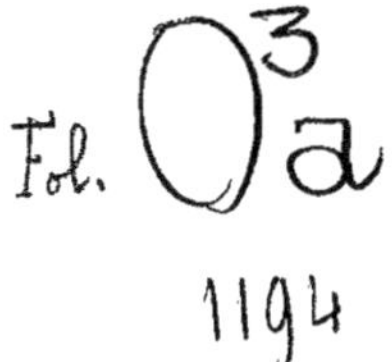

ÉTUDE

SUR QUELQUES

MONUMENTS ÉGYPTIENS

DU

MUSÉE ARCHÉOLOGIQUE DE CANNES

(MUSÉE LYCKLAMA)

PAR

Alfred DURINGE

AVOCAT, DOCTEUR EN DROIT

LYON

HENRI GEORG, ÉDITEUR

36-42, PASSAGE DE L'HÔTEL-DIEU, 36-42

—

1907

ÉTUDE

SUR QUELQUES

MONUMENTS ÉGYPTIENS

DU

MUSÉE ARCHÉOLOGIQUE DE CANNES

(MUSÉE LYCKLAMA)

———

L A ville de Cannes possède un important Musée archéologique, qui porte le nom de son principal donateur, le chevalier Lycklama[1]. Celui-ci, hollandais d'origine, fit plusieurs voyages en Russie, Caucase, Perse, Palestine et Egypte, au milieu du siècle dernier, de 1866 à 1868.

Epris des civilisations antiques, il rapporta de ses voyages de nombreuses collections dont il fit donation à la ville de Cannes, sa patrie d'adoption, où il avait fixé sa résidence.

[1] Je dois à l'extrême obligeance de M. le Colonel de Ville d'Avray les renseignements suivants sur le chevalier Lycklama :

« Le chevalier T.-M. Lycklama a Nijeholt était avant tout un savant pionnier de l'histoire, de la géographie et de l'archéologie. C'était l'auteur d'un grand ouvrage dont MALTE-BRUN voulut bien faire un compte rendu à la Société de Géographie de Paris (MALTE-BRUN, *Notice sur les deux premiers volumes du voyage de M. le chevalier Lycklama a Nijeholt*, Société de Géographie de Paris, Bruxelles, Typ. Rossel, 1875). C'est dire l'importance de son œuvre. (T. M. CHEVALIER DE LYCKLAMA A NIJEHOLT, *Voyage en Russie, au Caucase et en Perse, dans la Mésopotamie, le Kurdistan, la Syrie, la Palestine et la Turquie, exécuté pendant les années 1866, 1867, 1868*, Paris, Arthur Bertrand, 1872, 4 vol. in-8 jésus, cartes et planches).

« Le baron Lycklama (Tinco-Martinus-François), né en 1837 à Beetsterzwaag (Frise, Hollande), est décédé à Cannes le 7 décembre 1900, en sa villa Lycklama. Sa veuve est née Julienne-Agathe-Jacqueline, baronne de Schwartzenberg ; elle veille toujours avec sollicitude sur le don splendide

Le Conseil municipal de cette ville, dans sa séance du 31 décembre 1877, accepta avec reconnaissance le généreux cadeau qui lui était fait. Telle est, en quelques mots, l'origine du Musée archéologique, et la source des monuments égyptiens qu'il contient.

La collection égyptienne comprend différents objets réunis pour la plupart dans une vitrine de la grande salle du Musée et classés sous 30 numéros : groupe de trois personnages en calcaire colorié, joli monument de la XVIIIe dynastie, dont nous donnons une reproduction (pl. I), mais dont les inscriptions ont été malheureusement martelées et effacées comme à dessein ; vases en albâtre : trois 𓏌 (haut. 0ᵐ20)[1], un ▽ (haut. 0ᵐ05)[2], un ♁ (haut. 0ᵐ035)[3], (pl. IV, nᵒˢ 3, 4, 5) ; stèles, statuettes funéraires, images de différents dieux, scarabées, etc.

Il n'est pas dans notre intention de publier toute cette collection, ce qui ferait double emploi avec le catalogue que prépare M. le Conservateur du Musée ; mais il nous a semblé utile d'étudier et de faire connaître ceux de ces monuments, fort peu nombreux du reste, ayant des inscriptions, et par cela même plus intéressants.

Ce sont :

1ᵒ Un vase canope à tête humaine ;

2ᵒ Un traîneau votif ;

3ᵒ Un cône funéraire ;

4ᵒ Une petite stèle.

Je tiens, à cette occasion, à exprimer tous mes remerciements à M. le Colonel de Ville d'Avray, conservateur du Musée, pour l'obligeance avec laquelle il a accueilli ma demande d'étudier et de publier ces monuments, et pour les facilités qu'il m'a fournies pour ce travail. Je lui en suis profondément reconnaissant.

fait à la ville de Cannes par son regretté mari. Le jour des funérailles du baron Lycklama (10 décembre 1900), le maire de Cannes, M. Hibert, rappelait qu'il connaissait et parlait toutes les langues d'Europe, avait des notions étendues sur les langues mortes et étonnait par la variété de ses connaissances en toutes choses. »

[1] Musée, nᵒ 4.

[2] Musée, nᵒ 6.

[3] Musée, nᵒ 5.

1° **VASE CANOPE** *(pl. II).*

Ce vase figure sous le n° 2 dans la vitrine de la collection égyptienne.

C'est un vase en albâtre, d'une hauteur de 39 centimètres ; le couvercle est sculpté en forme de tête humaine à courte barbe ; l'intérieur contient une cavité cylindrique parfaitement polie, dans laquelle on ne remarque aucune trace de bitume ou d'enduit quelconque.

L'inscription se compose de quatre lignes verticales ; elle est en très bon état sauf les derniers caractères des deux premières lignes et le premier signe de la troisième ; mais il reste de ceux-ci des traces suffisantes pour que leur reconstitution soit facile et leur lecture certaine.

Voici le texte de l'inscription :

Ce qui veut dire :

« *Discours : Isis, tu as entouré de tes deux bras celui qui est en toi, exerçant ta protection sur l'Amset qui est en toi, à savoir le retraité auprès d'Osiris, Gouverneur d'Athribis, Asaka, défunt.* »

Quelques brèves explications sur les idées égyptiennes concernant le culte des morts sont nécessaires pour faire comprendre ce texte.

A l'origine, les quatre fils d'Horus : Amset, Hâpi, Tioumaoutf et Khabhsonouf, étaient, d'après les Egyptiens, les gardiens du corps d'Osiris leur ancêtre.

Osiris mort était lui-même le dieu d'outre-tombe par excellence, et tout Egyptien défunt lui était assimilé, s'identifiait avec lui. Ce qui se passait pour Osiris était vrai également pour tous les morts. Ces quatre fils divinisés d'Horus étaient donc placés tout naturellement aux quatre coins du sarcophage contenant la momie, qu'ils étaient chargés de garder et de protéger contre toute profanation.

Plus tard, cette idée très simple se compliqua un peu ; chacun des quatre fils d'Horus fut mis en connexion avec une des quatre déesses Isis, Nephthys, Neith et Selk. Nephthys fut accolée à Hâpi, Neith à Tioumaoutf, Selk à Khabhsonouf et ce fut Isis à qui échut Amset dans cette attribution. La déesse devenait ainsi la protectrice de la dépouille funéraire du mort, et cela, non pas directement, mais par l'intermédiaire du fils d'Horus avec lequel elle était en connexion. N'en est-il pas de même dans toutes les religions, où les prières s'adressent souvent aux saints pour parvenir plus sûrement auprès de la Divinité suprême ?

A partir de la même époque, le rôle des quatre couples se spécialisa ; leur protection, au lieu de s'étendre à toute la momie, se restreignit à la partie déterminée des entrailles enfermée dans le vase canope dont le couvercle représentait la figure du dieu protecteur, et auquel le canope lui-même était assimilé.

Le vase canope à tête humaine représentait le dieu Amset. C'était donc la déesse Isis qui était la protectrice attitrée du contenu du canope, par l'intermédiaire d'Amset.

C'est ce qu'indique en effet notre inscription ; Isis entoure de ses deux bras, en guise de protection, le dieu Amset ; et ce dernier, qui n'est autre que le canope, contient une partie des entrailles du défunt doublement protégé de la sorte.

Le nom du personnage en question est Asaka ; il porte le titre de Gouverneur de la ville d'Athribis, . Cette ville (aujourd'hui Tell–Atrib) était la capitale du nome de *Ka-Kem*, le X⁰ de la Basse-Egypte. Elle était située dans le Delta, sur la rive droite de la branche orientale du Nil, ou branche de Damiette, à 45 kilomètres environ au nord du Caire. Les inscriptions relatives à cette ville sont assez rares.

Je n'ai pas trouvé par ailleurs trace d'autres documents où il fût question de ce personnage, Asaka, dont la fonction, gouverneur de la capitale d'un nome, était cependant fort importante.

2° TRAÎNEAU VOTIF *(pl. III et pl. IV, n° 1)*.

Ce monument porte le n° 9 dans la vitrine égyptienne du Musée.

Il est en bois dur et mesure 22 centimètres de long sur une hauteur de 5 centimètres. Une inscription écrite de droite à gauche est gravée en creux sur trois de ses faces, la partie antérieure du traîneau, relevée comme un patin, ne se prêtant pas, à cause de sa forme, à la gravure d'un texte.

Le dessus du traîneau porte deux mortaises et un trou rond, qui devaient servir, très probablement, à assujettir une statue en pierre ou en bronze du Dieu *Meb-ar-meb*, nommé dans l'inscription, à l'imitation de ce qui se faisait dans la réalité.

De nombreux monuments représentent cette scène de transport de blocs énormes ou de statues colossales, transport exécuté au moyen de traîneaux de la même forme que le monument votif du Musée de Cannes[1]. Des hommes attelés à plusieurs séries de cordes tiraient de toutes leurs forces, pendant qu'un contremaître, debout sur le colosse, frappait en cadence deux morceaux de bois pour battre la mesure et rythmer leurs efforts ; un troisième personnage debout à l'avant du traîneau versait sur le sol de l'eau ou peut-être de l'huile, pour faciliter le glissement de ce lourd fardeau.

Tout cela est connu et cette scène est figurée avec la plus grande exactitude par l'artiste égyptien qui excellait à prendre sur le vif et à noter avec esprit ces faits de la vie courante.

---

[1] Cf. G. MASPERO, *Histoire ancienne des peuples de l'Orient classique*, Paris, Hachette, 1895, vol. I, p. 335 ; A. ERMAN, *Ægypten und ægyptisches Leben im Altertum*, vol. II, p. 631-632 ; G. EBERS, *l'Egypte du Caire à Philæ*, traduction de Maspero, Paris, Firmin Didot, 1881, p. 372 ; P. HIPPOLYTE-BOUSSAC, *la Statue sonore de Memnon (Revue des Deux-Mondes*, tome XXXIVe, 1re livraison, 1er juillet 1906, p. 211-212).

Voici la teneur de l'inscription :

« *Discours à Meb-ar-meb, résidant à Abydos, pour qu'il donne vie,
santé, force, une longue existence, une vieillesse..... et bonne à l'esclave du
sceptre, gardien de la syringe, chef des carriers de la nécropole d'Abydos,
Psamtik, fils du gardien de la syringe, Neschoutafnout, né de la dame
Schaha.* »

Je n'ai trouvé nulle part mention du titre ☖ que porte notre
personnage Psamtik. L'hiéroglyphe ☖ est bien connu ; il représente la
tête d'Hathor surmontée de cornes. Cette figuration se trouve sur des
chapiteaux de colonnes, sur des sistres, sur des sceptres.

On pourrait peut-être rapprocher de ce titre ☖ celui de ☖
(maître du sceptre) qui paraît être synonyme et qu'on rencontre suivi de la
mention ☖ (dans le temple de Sekhet[1]). On peut supposer qu'une
maladresse du graveur, ou que la chute d'une petite parcelle de bois a
transformé dans notre inscription le signe ☖ en l'hiéroglyphe ☖ dont la
forme est très voisine ; ou bien, et c'est ce que je préfère, que c'est bien
le signe ☖ qui a été écrit, et que c'est « esclave du sceptre » qu'il faut
lire. L'interprétation ne changerait pas pour cela. Notre personnage a le
droit de porter le sceptre ☖. Qu'il en soit le maître ou l'esclave, peu
importe. N'est-ce pas au fond la même chose ?

A l'appui de cette manière de voir, il faut remarquer que très souvent
des statues agenouillées ou accroupies tiennent devant elle un insigne
ayant la forme d'un sceptre avec la tête d'Hathor. Ainsi Ti, sous
l'ancien empire ; ainsi Menth-m-hat, sous le nouvel empire [2].

---

[1] Cf. *Recueil*, t. XIV, p. 173.

[2] Cf. Margaret Benson & Janet Gourlay, *the Temple of Mut in Asher*, London, in-8°, 1899,
planches XII, XIV, XVIII, XXIII.

J'ai traduit les mots ⯒ par « *gardien de la syringe* ». Ils signi-fiaient mot à mot : « *celui qui est dans la syringe* » ; c'est celui qui en est le portier, le concierge. Il devait, tel le gardien de cimetière de nos jours, exercer cette fonction pour tout un coin de la nécropole. C'était probablement le chef des carriers d'Abydos, ou bien son père, qui avait creusé les galeries funéraires ; il était donc tout indiqué pour en avoir la surveillance.

Enfin, si j'ai rendu par « *carriers de la nécropole* » l'expression ⯒ c'est que la pauvreté de notre langue ne m'a pas permis de trouver un terme rendant exactement le sens du mot égyptien.

Les hypogées d'Abydos étaient creusés dans le rocher ; ils se compo-saient de galeries et de chambres souterraines s'enfonçant dans la montagne.

C'étaient ceux qui foraient ces galeries que le texte désigne sous le nom de ⯒ , et que je nomme *carriers*, bien que ce mot n'indique qu'imparfaitement le genre de travail auquel ils se livraient et qui a pour analogue, à notre époque, celui des ouvriers employés au percement des tunnels. Le nom de notre personnage, *Psamtik*, reporte à la XXVIe dynastie la date du monument que nous étudions.

Quant au dieu, *Meb-ar-meb*, nous ne le connaissons que par cette inscription. Mais comme, d'un côté, on a de nombreux exemples d'ex-votos offerts par des individus au dieu patron de leur corporation pour s'attirer sa protection, et que, d'un autre côté, ce Psamtik, chef des carriers, offre un traîneau votif au dieu *Meb-ar-meb* sûrement dans la même intention, il résulte tout naturellement de ce rapprochement que le dieu *Meb-ar-meb* devait être le dieu patron de la corporation des carriers de la nécropole.

3° CÔNE FUNÉRAIRE *(pl. IV, n° 2).*

Il porte le n° 11 dans la vitrine du Musée.

C'est un cône en terre cuite ayant une hauteur de 23 centimètres et une largeur à la base de 8 centimètres. Ce sont du reste les dimensions courantes.

L'inscription de quatre lignes qu'il porte à sa base a été comme d'habitude imprimée en relief au moyen d'un cachet de terre, avant la cuisson. Elle énumère les nom et titre du personnage pour la tombe duquel le cône a été fabriqué. Par suite d'une légère détérioration, le commencement des lignes 2 et 3 fait défaut ; mais, comme il existe un cône identique au Musée de Berlin[1], un presque semblable au Musée de Turin[2], et plusieurs variantes dans d'autres collections[3], la reconstitution des caractères manquants est aussi facile que certaine.

Voici la teneur de l'inscription :

« *L'Osiris, quatrième prophète d'Amon, Menth-m-hat, défunt, son fils issu de ses entrailles, le prophète d'Amon, connu du roi, Psa-n-Maut, né de la dame Oudja-ran-set, défunte.* »

Menth-m-hat, le personnage pour qui ce cône fut gravé, est très connu. Il vécut sous le règne de Taharqa, à l'époque saïte. Sa tombe avec pylônes en briques crues est dans l'Assassif, non loin du temple de Deir-el-Bahari, et il existe de lui plusieurs monuments dans différents musées ou collections[4].

---

[1] Le cône du Musée de Berlin porte le n° 8737 ; il a été publié dans Lepsius, *Denkmäler, Text*, III, p. 246, avec d'autres sceaux du même personnage.

[2] Ce cône est publié par G. Maspero dans le *Recueil*, t. IV, p. 144, cône n° 1. Pour être identique au cône du Musée de Cannes, il ne manque que les mots , *issu de ses entrailles*, à la fin de la deuxième ligne. Serait-ce un oubli de M. Maspero? Une erreur, en tout cas, a été commise par le savant égyptologue dans la lecture du nom de la femme de Menth-m-hat, qu'il faut lire , et non pas .

[3] Voici les références pour les autres cônes funéraires de Menth-m-hat : G. Daressy, *Mém. Mission du Caire*, t. VIII, p. 269, cônes n°s 174, 175, 176, 192, 193, 201, 202, 203, 209, 210 ; G. Maspero, *Rec.*, t. IV, p. 144, 6 cônes et une inscription du Musée de Turin.

[4] Cf. Margaret Benson & Janet Gourlay, avec la collaboration de Percy E. Newberry, *op. cit.*, p. 350 ; A. Wiedemann, *Recueil*, t. VIII, p. 69.

Ces monuments nous apprennent qu'il restaura à Thèbes le temple de la déesse Maut et nous donnent la liste de ses nombreux titres.

En voici l'énumération :

[hiéroglyphes], grand chef du temple ; [hiéroglyphes], instructeur des prophètes ; [hiéroglyphes], scribe du temple de la Maison d'Amon ; [hiéroglyphes]; prince de Thèbes ; [hiéroglyphes], prince des montagnes désertiques ; [hiéroglyphes]; supérintendant des frontières; [hiéroglyphes], quatrième prophète d'Amon.

De plus, ces textes, en les combinant, nous permettent d'établir sa généalogie.

Menth-m-hat eut pour père *Nes-Ptah*, prince de Thèbes, et pour mère *Ast-n-kheb*. Il eut quatre femmes, *Nes-Khonsu, Oudja-ran–set, Ast-n-kheb* et *Schept-n–Maut*.

De son épouse *Nes-Khonsu* il eut un fils *Nes-Ptah* et de *Oudja-ran-set* un autre *Psa-n-Maut,* celui qui fit graver pour son père le cône dont nous nous occupons.

4° PETITE STÈLE.

Cette stèle porte le n° 7 dans le catalogue du Musée.

Sa hauteur est de 20 centimètres, sa largeur de 30 centimètres et son épaisseur de 42 millimètres. Elle est en pierre calcaire, et les figures et inscriptions qui la couvrent sont peintes au trait avec de la couleur noire.

Au sommet de la partie supérieure se trouve le signe [signe] de chaque côté duquel est peint l'œil symbolique [signe]. Au-dessous et à gauche est dessiné un personnage assis tenant de la main droite le signe [signe] et de la main gauche une fleur de lotus dont il respire l'odeur ; à droite, devant lui, se trouvent une table et un escabeau portant des pains et des vases.

Dans le haut, à droite, au-dessus de la table on lit l'inscription suivante de trois lignes verticales :

Ce qui veut dire :

« *Fait par l'Esprit parfait de Râ, Khamoui.* »

Cette stèle a déjà été publiée dans le *Recueil*, t. III, p. 105, à la suite d'une stèle du Musée de Turin sur laquelle est mentionné le même personnage, ou du moins un personnage de nom analogue.

Ecully, le 10 juillet 1906.

ALFRED DURINGE.

N° 1.

N° 2.

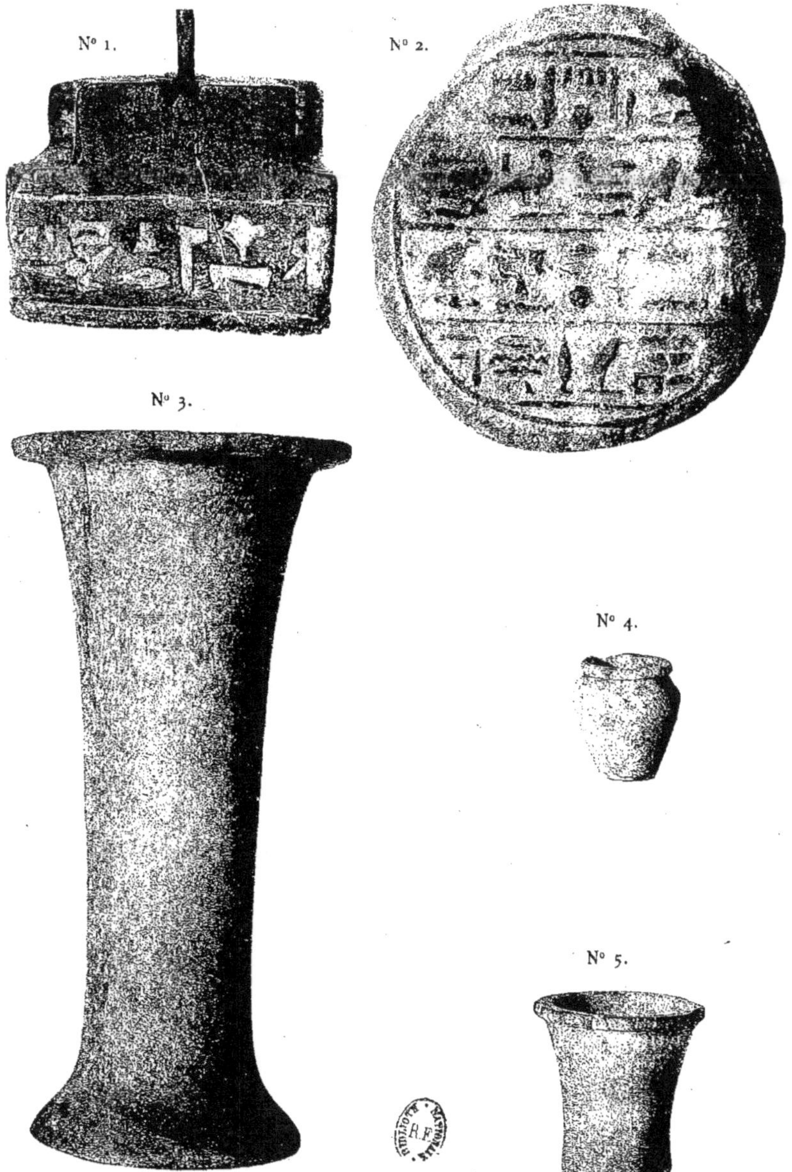

Nº 1.
Nº 2.
Nº 3.
Nº 4.
Nº 5.